48
.937.

LE
CRI DES AUTEURS,

ADRESSÉ

AU CONSEIL DES MINISTRES.

On trouve chez les mêmes Libraires :

LE CRI DES PEUPLES, adressé au roi, aux ministres, aux maréchaux, aux pairs, aux députés, aux magistrats, á tous les Français; par ALEXANDRE CREVEL. 1 vol. in-8°.: prix, broché, 2 fr. 50, et 3 fr., franc de port.

RÉFLEXIONS SUR LE PROJET DE LOI concernant la liberté de la presse, présenté à la chambre des députés, par M. le garde-des-sceaux, le 17 novembre 1817; par Alexandre Crevel. In-8, broché. Prix, 60 c., et 75 c. franco.

LES CAUSERIES DES SALONS sur la liberté de la presse; 1 vol. in-8. Prix, broché, 3 fr., et 3 fr. 60 c., franc de port.

DE L'ORGANISATION DE LA FORCE ARMÉE EN FRANCE, considérée particulièrement dans ses rapports avec les autres institutions sociales, les finances de l'état, le crédit public, etc., etc., *présentée* aux chambres, en leur cession de 1817, aux électeurs, aux gardes nationaux, etc.; par H. DE CARAION-NISAS. 1 vol. in-8°.: prix, broché, 6 fr., et 7 fr. 50 c. franc de port.

EXAMEN DES PRINCIPES ÉMIS PAR LES MEMBRES DE LA MAJORITÉ ET DE L'OPPOSITION DE LA CHAMBRE DES DÉPUTÉS PENDANT LA SESSION DE 1816; par L. T. In-8°.: prix broché, 2 fr. 50 c., et 3 fr., franc de port.

VOYAGE D'UN ÉTRANGER EN FRANCE, pendant les mois de novembre et décembre 1816; troisième édition. 1 vol. in-8°.: prix, broché, 3 fr., et 3 fr. 60 c., franc de port.

LE PAYSAN ET LE GENTILHOMME, anecdote récente. de xième éd.tion 1 vol. in-8°. prix, broché, 2 fr. 50 c., et 3 fr., franc de port.

Pour paraître incessamment, de M. Crevel :

JÉROME LE ROND, ou Mémoires politiques et moraux d'un petit auteur de Paris, sur le passé, le présent et l'avenir; 1 vol. in-8. Prix, 3 fr., et 3 fr. 50 c. franco.

LE
CRI DES AUTEURS,

ADRESSÉ

AU CONSEIL DES MINISTRES

SUR

LES ABUS DE LA LIBERTÉ DE LA PRESSE, LE SILENCE DE NOTRE LÉGISLATION POLITIQUE RELATIVEMENT AUX DROITS DES ÉCRIVAINS ET DES JOURNALISTES, ET SUR LA RESPONSABILITÉ DES MINISTRES.

PAR ALEXANDRE CREVEL,

AUTEUR DU CRI DES PEUPLES.

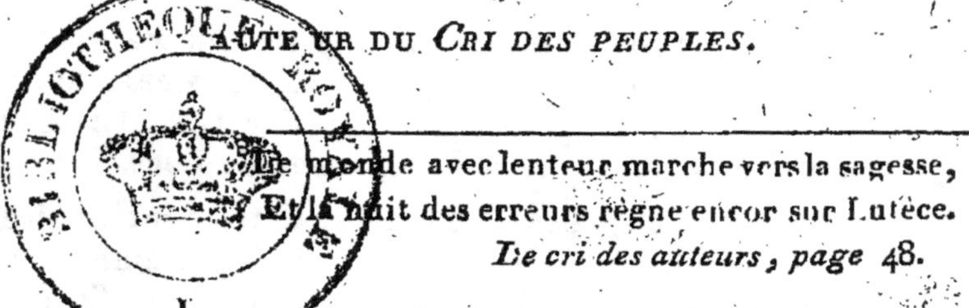

Le monde avec lenteur marche vers la sagesse,
Et la nuit des erreurs règne encor sur Lutèce.

Le cri des auteurs, page 48.

A PARIS,

CHEZ { L'HUILLIER, Libraire, rue Serpente, n°16;
Delaunay, au Palais-Royal.

Novembre 1817.

IMP^e. DE MADAME JEUNEHOMME-CRÉMIÈRE,
RUE HAUTEFEUILLE ; n° 20.

LE

CRI DES AUTEURS.

MESSEIGNEURS,

J'ai appris avec étonnement que le ministère avait donné l'ordre à MM. les journalistes de ne point annoncer mon ouvrage.

Je dois m'empresser de vous déclarer que je suis le plus grand ennemi de l'arbitraire, de l'iniquité, des abus. Je suis, en revanche, le grand ami de la raison et de l'humanité.

J'aime à dire la vérité vers laquelle je me trouve naturellement entraîné par un penchant irrésistible qui naît dans les cœurs vertueux par le concours des affections d'une ame honnête et d'une conscience pure.

Maintes réflexions m'ont convaincu que puisque l'adulation et le mensonge nous ont mené de mal en pis, nous devons espérer qu'en prenant une route diamétralement opposée, la franchise et la vérité nous conduiront de mal en mieux. Ces idées sont toutes naturelles.

Telles sont, messeigneurs, les hautes considérations qui m'ont déterminé à prendre la plume pour écrire mon ouvrage intitulé *le Cri des peuples*. Par ce cri j'ai voulu tirer le gouvernement de sa léthargie, et lui éviter des dangers que ne lui évitent pas les ministres.

C'est de ma part un crime énorme, je le confesse. Témoin de la misère publique à laquelle on n'apporte aucune espèce de remède, devais-je dire : « Tout le monde est content. Je vois tous les jours des malheureux qui meurent de faim, mais ils ne se plaignent pas. Les marchands, les commerçans, les manufacturiers, les propriétaires, tous les citoyens, sont heureux; un écrivain qui dit le contraire ne peut être qu'un homme très-méprisable, parce qu'il dit la vérité. »

Vous n'ignorez pas, messeigneurs, que dans tous les temps, les citoyens portés par les hasards au faîte des grandeurs, voyagèrent dans un pays délicieux, inconnu au reste des humains.

Sous la monarchie absolue, le souverain réunit le pouvoir légitime et le pouvoir illégitime. Le pouvoir illégitime n'est que *la feuille des bénéfices* tenue par les ministres et les courtisans ; les rois n'y trouvent aucun profit, puisque l'usage arbitraire de cette feuille leur suscite des ennemis, ce dont ils ne se doutent guère.

Sous toutes les monarchies, il existe donc deux gouvernemens. C'est pour cette raison que l'on n'y remarque pas cette unité d'action qui doit régir les peuples. On apercevrait cette unité si les ministres, abjurant de funestes préjugés, se livraient à une étude approfondie de la science du gouvernement.

Les ministres éblouis par l'éclat de leurs lambris dorés, des lustres, des bougies de leur palais magique, voyaient tout en beau, comme cela se pratique encore de nos jours ; ils ne se familiarisaient pas facilement avec cette idée que la cour n'est point l'état, et que l'opulence de quelques hommes ne fait pas le bonheur des citoyens qui forment la nation ; ils croyaient, avec une bonhomie peu commune, que dès-lors qu'ils avaient bonne table, tous les autres mortels devaient vivre heureux, en oubliant qu'il existe chez un peuple un autre intérêt que l'intérêt personnel, que les gens de bien nomment intérèt général. Ces persuasions, fruits d'une imagination exaltée par la jouissance des grandeurs, satisfaisaient l'esprit et l'estomach des grands : leur bonheur et leur fortune n'étaient point partagés par leurs concitoyens qui n'avaient aucune part à ce prestige, à celte funeste illusion, et aucun couvert à leur table dont les frais d'entretien *étaient payés par les impôts.*

L'homme, on le sait, peut se nourrir de prestiges et d'illusions. Qui dort dîne ; mais ceux dont l'estomach est vide ne dorment pas. Est-ce dans l'Evangile, ou dans le Code moral du genre-humain, qu'il est écrit que les grands doivent jouir seuls du privilége de bien vivre.

Les hommes étant égaux devant les lois divines, tous doivent jouir de la liberté de vivre, d'exercer leur industrie. Pour vivre de son industrie, genre de vie préférable au vol et au pillage, il faut que chaque citoyen en ait les moyens et la faculté. Il est donc du devoir des gouvernemens et des ministres de procurer aux citoyens cette faculté que l'on ne peut leur refuser, en se réglant sur le droit divin, quoiqu'elle leur soit quelquefois refusée par le fait, contre le droit humain.

(9)

Si, en publiant mon ouvrage, j'étais consi-
déré comme un homme dépravé dont les
écrits doivent porter le sceau de la réprobation, je dirais :

Que dans la France encor il est de barbarie ;
Que ma triste raison gémit sur ma patrie.

Mais j'ai les preuves du contraire, et mes
concitoyens m'ont rendu plus de justice que
les ministres.

Depuis plusieurs années on a discuté sur
le droit, relativement à la possession du pouvoir exécutif, et à l'exercice de ce pouvoir.
Les hommes judicieux se sont prononcés,
mais les ministres n'ont point encore reconnu
ce droit qui diminue l'étendue de leurs droits.
Pauvres Français ! il vous a fallu deux ans
pour consacrer, tacitement, dans l'opinion,
ce droit qui n'est point encore sanctionné par
les législateurs. *Fiat lux.*

Du ciel qui conduit tout, la sagesse infinie,
Réserve, je le vois, pour de plus heureux temps,
Le jour trop différé de ces grands changemens,
Le monde avec lenteur marche vers la sagesse,
Et la nuit des erreurs est encore sur la Grèce (1).

____

(1) Lois de Minos.

Il est donc reconnu par l'opinion publique, en attendant une loi qui consacre le principe, que l'on peut critiquer les actes, la conduite politique et administrative des ministres qui ont une part active, très-active, dans le gouvernement représentatif. Les discussions judiciaires l'ont appris naguères à ceux qui ne le savaient pas.

Les ministres refusent de marcher avec l'opinion publique, parce que quelques écrivains ont été assez ingénus pour dire, au milieu de la nuit des erreurs, que le ministère doit diriger l'opinion publique, forcer, par conséquent les citoyens à substituer d'autres opinions à leurs propres opinions, leur enlever le droit d'écrire, et si cela était possible, le droit de penser librement.

Je ne suis qu'un mauvais logicien : je puis me tromper et déraisonner ; mais je resterai convaincu que l'on ne peut critiquer, blâmer les actes de l'administration générale, jusqu'à ce qu'il me soit prouvé évidemment que je suis enveloppé dans la nuit des erreurs qui règne sur l'administration. Alors je reconnaîtrai que j'ai marché à tâtons, et nuitamment.

J'avouerai mes torts avec cette même bonne foi qui m'a induit en erreur.

Remarquez, messeigneurs, qu'en signalant les erreurs des ministres, je me suis abstenu de dire qu'ils avaient commis des crimes, parce que je ne suis point calomniateur. J'aurais trahi ma conscience. On rencontre dans la foule et hors de la foule des individus qui ne veulent jamais avouer leurs fautes, se décider à n'en plus commettre, en profitant des leçons de l'expérience et des conseils salutaires qu'on leur donne. Voilà les erreurs que j'ai voulu signaler, parce qu'elles donnent lieu à des conséquences tellement funestes, et tellement pestilentielles, qu'elles troublent la tranquillité publique, compromettent l'honneur et la prospérité nationale, la sûreté du monarque, et même la *consistance ministérielle*. Pensez-vous qu'en agissant ainsi, je sois un mauvais citoyen, un mauvais sujet, un ennemi des ministres ?

Suis je un criminel de lèse-nation, parce que je ne veux pas qu'on tue la nation ? Suis-je criminel de lèse-majesté européenne, parce que je ne veux pas que les peuples culbutent les rois, comme on l'a fait en Angleterre et en France, en indiquant aux souverains les moyens d'éviter le danger qui les menace ? Suis-je coupable du crime de lèse-excellence, en déclarant la guerre à l'insouciance des ministres et non aux citoyens - ministres comme hommes, mais comme ministres, en leur adressant mes prières pour qu'ils s'occupent du bonheur de tous ; prières qui ne sont point de mon invention, et que l'on trouve dans les préceptes des religions de tous les peuples civilisés.

Un écrivain qui connaît ses droits et ses devoirs, juge un ministre comme administrateur et non comme homme et citoyen. Si l'homme le plus vertueux, le plus sage du royaume occupait un ministère, sa sagesse et ses éminentes qualités ne dispenseraient pas un publiciste de signaler les fautes, les erreurs qu'il commettrait comme administrateur, quoiqu'il ne cessât pas d'être vertueux. Le public applaudit un acteur qui joue bien ses rôles quoiqu'homme immoral. Il siffle ou blâme le jeu de l'artiste qui comme homme jouit d'une excellente moralité. L'art d'écrire sur la politique a ses règles comme l'art d'écrire l'histoire.

Devez-vous être étonnés, messeigneurs, d'apprendre qu'au milieu de la grande nation française, il existe des citoyens probes, honnêtes, écrivains assez courageux pour user de la liberté de la presse, s'en emparer, la créer même lorsqu'elle n'existe pas, afin d'indiquer aux dépositaires du pouvoir, leurs fautes, les abus, et leurs erreurs.

Consacrerez-vous cette étrange principe que vous ne devez compte de votre administration qu'au souverain dont vous êtes les mandataires. Concluerez-vous que, si le souverain est content des dépositaires de son pouvoir, les citoyens, sous une monarchie démocratique, doivent en être aussi satisfaits. Cette réflexion ne me paraissant nullement judicieuse, je vais la combattre avec des raisonnemens d'une force prodigieuse étayés sur les faits. Toujours des faits !

Sully remplissait ses devoirs avec exactitude et probité ; il s'occupait de l'intérêt général et non de son intérêt personnel. Sully était l'ami sincère et dévoué d'Henri : cette assertion ne sera pas contestée. Le peuple chérissait ce même Sully qui, calomnié par les courtisans, fut douze ou quinze fois sur

(14)

le point d'être disgracié. Henri IV, trompé, fut
par conséquent douze ou quinze fois mécon-
tent de son ministre. Il cessa souvent de le
nommer mon ami et mon cousin. Un roi peut
donc être trompé favorablement ou défavo-
rablement à l'égard des dépositaires de son
pouvoir.

Exemple. Je suppose que des ministres disent
au monarque que son peuple est heureux,
que l'union remplace la désunion. Le souverain, qui ne peut se procurer des preuves
contradictoires que par ses ministres et ses
courtisans, toujours disposés à lui déguiser la
vérité, conclura donc avec justesse, et con-
séquemment, qu'il est satisfait de la conduite
de ses ministres. Un monarque, par sa posi-
tion relative à ses sujets, n'est que le répéti-
teur des paroles de ses ministres, ou de ceux
qui l'entourent. Il ne sait *que ce qu'on veut
bien lui dire ;* il ignore *ce qu'on veut bien lui
taire.*

Le souverain n'ayant aucun point de con-
tact avec les citoyens, la voix de l'infortune,
les requêtes de l'indigent, les réclamations
de l'opprimé, ne peuvent arriver au trône que
par les intermédiaires disposés quelquefois

à annuller les requêtes, les réclamations qui sont en opposition avec les intérêts personnels, et blessent certains amours-propres.

Voulez-vous pour preuves des faits récens? soit. Prenons S. M. Louis XVIII pour exemple : A l'époque du 20 mars, messeigneurs les ministres, messieurs les courtisans, dirent au roi de France *que tout allait fort bien*. Ce même roi de France, plein de sécurité, fut forcé de partir précipitamment, pour ne point se trouver aux Tuileries, én présence du souverain de l'île d'Elbe. *Vingt-quatre heures* avant le départ de S. M. Louis XVIII, on disait au roi : Sire, tout va bien...... *Vingt-quatre heures avant son départ.....* Fiez-vous, pauvres souverains, à vos adulateurs, à ces amis dévoués au mensonge.

Ces réfléxions, messeigneurs, qui vous paraîtront concluantes, sans doute, sont du nombre de celles que je me plais souvent à faire dans l'intérêt des nations, dans l'intérêt des monarques, qui ne m'écoutent guères ; parce qu'aimant à dire la vérité, je ne suis point adulateur, mais homme de bien. Les adulateurs conduisent donc les rois à leur perte, et les ministres à la chute ministérielle. La vérité

éclaire les ministres; en leur traçant un nou-
veau cercle qu'ils doivent s'empresser de par-
courir, pour continuer de vivre au sein de la
grandeur. La vérité leur fournit de nombreux
matériaux pour construire l'édifice du bonheur public.

Remarquez qu'il existe une énorme différence entre l'écrivain véridique et l'écrivain
adulateur. Si j'avais publié un ouvrage bien
parfumé d'encens, renforcé par maintes extra-
vagances, les journalistes auraient sans doute
reçu l'ordre d'en faire l'éloge. Peut-être leur
aurait-on évité cette peine, en les forçant d'insérer un article préparé d'avance, ainsi que
cela se pratique quelquefois.

Recevant alors le prix de mes services,
d'après l'usage sanctionné par les abus et l'hé-
rédité des siècles, j'aurais joui de l'honneur
de posséder une place dans le gouvernement,
et une place honorable dans les feuilles publiques.

Je n'ai point adulé les ministres, j'ai fait
mon devoir d'honnête homme. Pour me re-
mercier de mes bons conseils, des salutaires
avis que je lui ai donnés, au lieu d'en pro-
fiter, pour changer sa marche, le ministère

a ordonné aux journalistes de garder le *motus* sur mon ouvrage. Quelle ingratitude ministérielle. Cette conduite n'est pas aussi noble que la mienne. Je suis satisfait d'avoir montré l'exemple à des ministres français.

Les journaux, messeigneurs, sont les tribunes publiques des citoyens de toutes classes qui ont des réclamations à faire, des plaintes à porter, contre les iniquités des magistrats, les erreurs et les abus du pouvoir. Des ministres naturellement disposés à ne pas souffrir qu'on dévoile leurs erreurs, les abus ou leurs injustices, empêchent les journaux d'atteindre le véritable but de leur institution, en établissant une censure arbitraire, sans appel, qui juge *en premier et dernier ressort.* La sentence est prononcée par les passions et les intérêts individuels. Les journalistes sont gardés à vue et tenus en curatelle. Les feuilles nationales dont l'existence peut fortifier l'exécution et l'influence des lois fondamentales, ne sont que des feuilles ministérielles tenues sous le joug que leur impose le sceptre de fer de l'arbitraire.

Prétendriez-vous, messeigneurs, que les feuilles publiques doivent être censurées *sans appel*? Pourquoi les journalistes , qui sont égaux en droits aux autres citoyens, ne jouiraient-ils pas des mêmes faveurs, dans l'exercice de leur état, de leurs droits, dans la jouissance de leur propriété industrielle, aussi sacrée que les propriétés foncières et mobilières. La loi de l'arbitraire ne doit pas régir celui-ci, lorsqu'elle ne régit pas celui-là.

Les lois d'exception font commettre des injustices intolérables. En paralysant la loi fondamentale de la liberté de la presse, vous paralysez sans vous en douter, l'égalité de droits consacré par la charte.

Un simple citoyen, troublé dans la jouissance de sa propriété ou dans l'exercice de sa profession, de son industrie, porte plaintes devant les premiers juges ; s'il est condamné arbitrairement, ou par erreur, il a recours à la voie d'appel, puis à la cour suprême. Les journalistes condamnés ou privés de la jouissance de leur industrie, par une censure arbitraire, n'ont aucun recours ; où trouvent-ils la garantie des abus, des iniquités (1)?

---

(1) Je déclare que je ne connais aucun journaliste, et que je n'ai aucune part à la rédaction d'une feuille publique.

Si un écrivain a pour but le renversement de l'ordre social et des institutions, on saisit son ouvrage, on le traduit juridiquement devant ses juges : je ne vois point là les décisions de l'arbitraire, sauf les abus dans la procédure. Mais si un écrivain, au lieu de prêcher l'immoralité, dévoile les erreurs, indique aux ministres leurs écarts, leurs fautes, leurs faiblesses, en invoquant la morale, l'obéissance aux lois, en plaidant la cause de l'humanité souffrante, en présentant le fruit de ses veilles et de ses méditations, pour consolider le gouvernement, fortifier l'ordre moral, et éviter de nouvelles erreurs, il est insaisissable ; mais, s'il blesse quelques amours-propres, les ministres ne veulent pas qu'on leur dise la vérité, pour détruire le mal, et marcher d'un pas assuré vers le bien ; alors, le ressentiment ministériel se développe, et pour punir l'auteur insaisissable d'avoir écrit comme homme de bien, et non en homme vil et méprisable, on décide qu'un ouvrage aussi *contagieux* doit être enseveli dans l'oubli, de peur qu'il répande les *dangereuses doctrines* de la raison, de la morale et de la religion. On décide qu'en vertu des décisions de l'arbitraire, il sera en-

2.

joint aux journalistes de ne pas l'annoncer, le louer ou le critiquer, de peur, sans doute, que quelques-uns d'entr'eux ne reproduisent, dans leurs feuilles, quelques passages immoraux, en opposition avec la morale évangélique et les libertés accordées par les constitutions, comme les paragraphes, par exemple, qui dévoilent les abus ou les erreurs des ministres qui paraissent avoir pris pour devise : *nul n'aura le droit d'écrire et nul n'aura d'esprit que nous et nos amis.*

Est-ce sous le règne d'un descendant de Saint-Louis, que l'on doit remarquer des actes arbitraires et des abus de pouvoir? Est-ce sous le gouvernement d'un petit-fils de Henri IV, sous l'administration des successeurs de Sully, qu'il est permis de réprouver les ouvrages qui portent l'empreinte de la religion, de la morale, de l'humanité, de la sagesse et de l'amour du bien public. En condamnant de pareils écrits qu'on ne peut fondre dans le creuset, parce que le feu de l'arbitraire n'est pas assez violent pour en opérer la fonte, des ministres se condamneraient eux-mêmes. Tout ouvrage susceptible de réprobation doit être réprouvé ouvertement devant le tribunal de l'opinion publique, toujours impartial, et non devant le tribunal de l'arbitraire siégeant dans le cirque où les abus luttent sans cesse, avec succès, contre l'équité.

La bonne administration est le soutien de tout gouvernement; le contentement et la prospérité publique en sont les conséquences. Un pays bien administré n'a rien à redouter de la liberté de la presse. Si des écrivains abusaient de la liberté, en portant atteinte au repos public, en essayant de détruire l'union, la paix, la concorde et l'attachement des sujets envers le souverain, le contentement et la satisfaction générale seraient de solides remparts contre lesquelles deviendraient impuissantes les attaques des écrivains qui recevraient pour récompense de leur zèle à propager le désordre, *le mépris public.* Ils ne rencontreraient que quelques adeptes confondus dans la foule, dont les efforts seraient amortis par l'union des citoyens; ils trouveraient d'ailleurs leur répression dans l'application de nos lois permanentes qui valent mieux que les décisions de l'arbitraire. Nos législateurs ont prévu tous les cas de culpabilité; de nouvelles lois sont inutiles, ah! de grâce, ne soyons pas *légi-*

manes. La légimanie est un fléau pour l'état. La multiplication des lois décèle l'enfance des gouvernemens; elle embrouille la jurisprudence, surcharge la mémoire des légistes, et donne lieu aux vexations, aux iniquités, à de nombreuses erreurs commises dans leur interprétation, par les magistrats civils et judiciaires qui interprètent, quelquefois à contre-sens, ces lois dont l'esprit est mal saisi par eux.

Les hommes sont doués d'un instinct qui leur fait distinguer facilement la bonne et la mauvaise administration. Quand l'indigent trouve dans le travail des moyens d'existence; lorsque le commerce et les manufactures sont en activité; lorsque les citoyens jouissent de leurs droits consacrés par les lois fondamentales; lorsqu'ils n'obéissent qu'à la justice; lorsqu'ils reçoivent pleine et entière protection, quand ils ne sont ni vexés, ni tyrannisés; tous tirent cette conséquence ; *qu'ils sont heureux.*

Qu'a-t-on fait pendant la dernière session pour éviter la misère publique, pour la changer en prospérité ? On a créé des lois sur la liberté de la presse, la liberté individuelle, les donations que peut recevoir le clergé, sur l'établissement des impôts nécessaires pour couvrir nos besoins. Les ministres et les chambres ont marché constitutionnellement, j'en conviens. Je suis impartial, très-impartial ; mais la *constitutionnalité ne suffit pas pour remédier aux maux d'un état.* Je conviens encore, qu'en s'écartant de la constitution, on a pensé que la situation de la France autorisait ces écarts. Toutes les lois temporaires n'ont été que des mesures *jugées convenables* pour maintenir la tranquillité ; l'expérience et l'évidence des faits ont dévoilé ces erreurs législatives, puisque le résultat de la création de ces lois a été trompeur. Au milieu de l'erreur, le motif était louable ; mais l'erreur n'en était pas moins réelle, et je l'ai dévoilée. Pourquoi cette obstination à ne pas vouloir la reconnaître ?

Ces lois n'ont donc été que des mesures de tranquillité, et non des mesures de prospérité. La création de la loi des finances n'a eu d'autre objet que de satisfaire aux besoins du trésor ; voilà, en peu de mots l'esquisse des opérations du ministère et des deux chambres en 1816. *L'aisance, la satisfaction, la prospérité, l'amélioration du sort de l'indigent, EN SONT-ELLES LE RÉSULTAT ?*

Pendant la session de 1816, aucune mesure n'a été prise, aucune loi n'a donc été créée, pour satisfaire aux besoins du peuple, pour contribuer à sa prospérité, à son aisance, pour donner des salaires à l'artisan, des profits au commerce, aux manufactures, à l'industrie, et pour faire rentrer dans la bourse du peuple les sommes enlevées par les besoins de l'état.

Si les mêmes mesures sont reproduites, si les mêmes lois sont adoptées, on établira cette année : les mêmes causes qui ont produit de dangereux effets : l'expérience, la raison et la saine politique exigent l'établissement de *nouvelles causes, de nouvelles lois et de nouvelles mesures*, pour produire de nouveaux effets, c'est-à-dire, pour donner des profits au commerce et à l'industrie, pour faire couler la source de la prospérité, éviter les murmures et les mécontentemens, ou les amortir ; pour fournir du pain aux indigens, ou des moyens d'existence, par des moyens de travail, afin de les rendre *producteurs* et utiles à l'état : car, les aumônes ou les secours donnés à des *non producteurs* ne fournissent aucuns profits et diminuent le capital national, au lieu de l'enfler. Autrement la misère sera toujours la même. L'oisiveté et la misère sont des fléaux politiques, les ennemis de l'ordre social.

En 1818 nous serons plus malheureux qu'en 1817, puisqu'aucune cause ne détruira la misère qui ne peut se détruire elle – même, et ne fera naître la prospérité publique qui ne peut renaître de ses cendres ou de son agonie.

Ces raisonnemens, d'une justesse qu'il serait impossible de contester et de réfuter, sont le résumé d'une partie de mon ouvrage, dans dans lequel j'ai signalé non seulement les erreurs politiques des ministres, mais encore celles des deux chambres, dans l'intérêt de l'état, dans l'intérêt du trône, pour éviter que les mêmes erreurs fussent commises pendant la nouvelle session.

Je ne sais si l'on m'a trompé, mais on m'a assuré, et je dois vous le répéter, que les ministres étaient assemblés pour se prononcer sur la publication de mon ouvrage, que plusieurs excellences avaient signé sa proscription, et que quelques autres, mues par je ne sais quelles considérations, avaient refusé leur signature.

Les signataires n'ont certainement pas lu

mon *Cri des peuples.* Je les invite à bien le méditer. Les autres voudraient-ils y puiser un motif, ou un prétexte pour démontrer la nécessité d'une nouvelle loi d'exception, et *de la répression de la liberté de la presse ?* S'il en était ainsi, un ministère ferait injure à l'homme de bien , injure que les lois divines et humaines n'autorisent pas, et je m'écrierais en gémissant....

« Adieu religion , adieu morale , adieu vertu , adieu probité, les liens sociaux sont rompus. Pleure , pleure, ma patrie ! à tes jours d'allégresse vont succéder des jours de deuil et de douleur. »

Si cet ouvrage est anti-moral, anti-royal , anti-chrétien, anti-national , pourquoi en a-t-on permis la publication? *est-ce par complaisance?* vous ne me connaissez pas, messeigneurs, je m'en suis aperçu. S'il n'est pas susceptible de réprobation , pourquoi en défend-on l'annonce, la critique et l'examen, aux journalistes? Est-ce en vertu d'une loi ? cette loi n'existe pas.

Non, messeigneurs, vous ne connaissez pas l'auteur *du Cri des peuples ;* j'ai écrit avec assurance, sans redouter la saisie ; fier de dé—

fendre la plus noble des causes, *celle du malheur et de l'humanité.*

Des ministres reçoivent leur mandat pour s'occuper du bonheur public : un écrivain devient leur égal, lorsqu'il écrit pour atteindre le même but. Les ministres et les écrivains doivent-ils redouter la censure ? Les ministres et les écrivains, en se mettant en évidence, en s'offrant en quelque sorte en spectacle, captivent plus ou moins l'attention. Ils jouent un rôle sur le grand théâtre politique. Le public jouit du droit inviolable de critiquer, ou d'applaudir le jeu des acteurs. Ce droit est une liberté que les journalistes et les citoyens achètent à leur entrée dans le monde, en payant leurs impôts, en se soumettant aux usages établis par les lois. Ils usent d'une liberté qu'aucune loi ne proscrit. Un ministre, qui redoute la censure nationale, peut se dispenser de se mettre en évidence et de jouer un rôle sur le théâtre politique. Un écrivain, par la même raison, peut se dispenser d'écrire et de publier sa pensée.

Il est une classe d'écrivains, envers lesquels des ministres peuvent tenir une conduite tout à fait différente de celle sanctionnée par l'usage.

Sans le secours des tribunaux, sans afficher le scandale, vous pouvez, messeigneurs, juger vous-même mon ouvrage. Critiquez-le, faites-moi parvenir votre critique, vos réflexions. Signalez-moi *mes mensonges et mes calomnies*, sans écouter les conseils des passions, de l'esprit de parti et de l'amour-propre, si vous me prouvez des torts, mes impostures, ma mauvaise foi, mon immoralité.

Je jure devant Dieu, les rois et les hommes, que je suis prêt à en faire amende honorable. Je prendrai la plume pour consigner dans un nouvel écrit, que je livrerai de suite à la presse, mes erreurs et mes injures mêmes si vous me démontrez que je suis injurieux. Je vous déclare que nul ne connaît mieux que moi la valeur des sermens.

C'est ainsi, messeigneurs, que des ministres abjurant les décisions de l'arbitraire, doivent se comporter avec un auteur tel que moi. Tous les écrivains n'écrivent pas avec franchise et impartialité. Il est du devoir des ministres de distinguer les honnêtes gens d'avec les fripons, et de ne pas confondre les gens de bien, les véritables amis du bien public, avec ces hommes de mauvaise foi, ces adulateurs qui parodient leur pensée en étouffant le cri de la conscience. La vérité me plaît, messeigneurs, j'aime à l'entendre, *j'aime à la dire;* qu'on la mette sous mes yeux, elle ne m'effraiera pas; je n'ai qu'une passion, l'amour du bien, je crois l'avoir suffisamment prouvé!

Examinons donc encore quelques passages de cet ouvrage que des ministres ont regardé comme susceptible de réprobation. Je citerai pour exemple une réflexion qui concerne le ministère français.

J'ai dit page 122 : « Il est difficile de concevoir l'apathie du gouvernement, l'entêtement et l'obstination des ministres qui nous conduisent très-sensiblement vers notre ruine, en nous promettant des merveilles, en nous parlant de libération, d'heureux avenir *de l'activité du commerce et de l'industrie* qui n'existent qu'en peinture, dans leur imagination, loin de la réalité. »

Suis-je un fourbe et un imposteur? J'ai devant les yeux un journal dans lequel je lis le discours adressé à monseigneur le duc d'Angoulême, par la chambre de commerce de la ville de Nantes. Il est conçu en ces termes :

« Nous aurions désiré, Monseigneur, vous représenter le commerce de cette cité dans son ancien état de splendeur; mais les circonstances malheureuses qui se sont succédées, ne nous ont pas encore permis de prendre cet élan *si désirable pour sa prospérité et celle de l'état.*

« Nous avons sur-tout à gémir sous le poids accablant *d'un régime fiscal qui paralyse tout;* V. A. R. sent bien que c'est celui des douanes dont nous voulons parler. Son code actuel, qui a pris naissance dans ces temps désastreux, qu'on ne cite encore qu'en frémissant, est devenu aujourd'hui un chaos inexplicable dans lequel s'embarrassent continuellement ses propres administrateurs. Il serait impossible, Monseigneur, de vous en signaler tous les vices; nous avons seulement esquissé les principaux dans les deux mémoires que nous prenons la liberté de présenter à V. A. R. Nous la prions de l'accueillir avec cette bonté qui lui a toujours attaché tous les cœurs.

Nous avons osé plus. *Intimement persuadés*

que S. M. ignore TOUS LES MAUX QUE NOUS SOUF-FRONS, PUISQU'ON N'Y APPORTE AUCUN REMÈDE, nous lui adressons aussi nos plaintes DIREC-TEMENT.

Il est bien étonnant, que les *assertions erronées* d'un écrivain se trouvent en parfait rapport avec les *aveux sincères* de la chambre de commerce d'une grande ville, qui n'a aucun intérêt à mentir devant un prince du sang.

J'ai dit que le ministère n'avait apporté aucun remède à nos maux. Cette chambre confirme mes opinions, en affirmant qu'elle est intimement persuadée que S. M. ignore tous les maux que nous souffrons. Les rois ne savent donc que ce qu'on leur dit, et ignorent ce qu'on leur tait. Donc il est du devoir des dépositaires du pouvoir de dire la vérité aux rois. Si les ministres ignorent aussi les maux que nous souffrons, et commettent des fautes ou des erreurs involontaires, parce qu'ils manquent de documens, donc un écrivain est estimable, en les éclairant; donc les ministres s'écartent de leurs devoirs, en manifestant même l'intention de proscrire son ouvrage; donc ils donnent naturellement naissance à la suspicion, en redoutant la publication de la vérité ; donc ils semblent confirmer le proverbe : la vérité seule offense.

J'ai cru devoir dévoiler certains abus, en disant que beaucoup de villages manquent de curés : suis-je un fourbe ? Dira-t-on qu'il n'existe pas en France une seule paroisse qui demande un pasteur ? Non, il n'en existe pas *une*, mais on en trouve DEUX CENT SOIXANTE ET DIX *seulement* dans le département du Cher. . Les membres du conseil général de ce département sont-ils des hommes dépravés, des imposteurs, comme moi. Si l'on parcourait les autres départemens, on rencontrerait, dans chaque canton, des preuves de ma véracité.

Augmenter le nombre de évêques, lorsque beaucoup de paroisses manquent de curés, c'est rétablir l'empire si dangereux du sacerdoce, et non pas relever *l'empire si salutaire de la religion* ; différence très-importante que nous apprend à faire l'expérience des temps anciens, modernes et présens.

J'ai dit, que notre système de finances ne vaut rien. Les ministres s'obstinent à le trouver bon et à nous le présenter. J'ai dit que ce fa-

meux système *n'avait apporté aucun remède
à nos maux.* Que l'on me prouve qu'il a amé-
lioré notre sort et exercé une influence quel-
conque sur la prospérité publique ? je m'a-
vouerai fourbe et imposteur.

Un grand nombre de conseils généraux de
département se plaignent des impôts, des
vexations que leur fait éprouver ce fameux
système, de l'intolérable surcharge des con-
tributions, de l'extrême inégalité dans la ré-
partition. Les uns observent qu'ils paient le
tiers de leur revenu foncier, lorsque d'autres
ne paient que le cinquième, le sixième, le
dixième (quoique les citoyens soient égaux
en droits).

Un bon système de finances fait-il entendre
le cri du peuple ? Les citoyens n'ont-ils pas le
droit de se plaindre, et de dire qu'ils ne sont
pas satisfaits d'être vexés ? Les écrivains, in-
terprètes des vœux de la nation, n'ont donc
pas le droit de faire entendre le cri du peuple,
et de le porter aux oreilles des ministres et du
monarque ? Des ministres, en prononçant leur
veto, ont-ils le droit d'étouffer le cri du peuple ?
au lieu de s'empresser d'y répondre par des

*paroles consolantes , en promettant de remé-
dier à nos maux* (1).

Comme écrivain , comme ami de l'humanité , j'ai donc eu tort de proscrire ce fameux
système , parce que je sais que la mauvaise
administration des finances *est très-insignifiante*
pour le salut d'un état et la sûreté d'un monarque. Parce qu'elle n'a nullement contribué
aux révolutions anglaise , américaine , fran-
çaises, et même à quelques révolutions grecques
et romaines ; parce qu'enfin , je voudrais que
l'on évitât les séditions et les révolutions ; mon
ouvrage est regardé comme dangereux par
les ministres. *O tempora ! O mores !*

On ne veut pas que j'éclaire les rois sur les
dangers qu'ils courent. Je serais beaucoup

----

(1) M. Ganilh , député du Cantal, vient de publier
un ouvrage sur la législation de nos finances, dans lequel il démontre la nécessité de faire de grands changemens dans notre système financier subversif de la
prospérité publique. Dans mon Essai philosophique,
j'ai consacré un article à chaque impôt pour en découvrir tous les vices et la discordance qui existe entre
nos institutions financières et nos institutions politiques.

plus estimable, sans doute, si je les laissais s'avancer vers le précipice, en leur disant, avec l'hypocrisie du tartuffe : Ce chemin est couvert de fleurs ; vous pouvez le suivre avec sécurité : en ajoutant, en *à parte*, comme dans les comédies (je jouirai du plaisir de vous voir culbuter).

On préférerait que j'imitasse ce procureur-syndic de la commune de Paris, qui, en écrivant à Louis XVI, commença sa lettre par ces mots : *Sire, je n'aime pas les rois.* Intercepterait on mon adresse à Louis XVIII, si j'écrivais à ce monarque : « Sire, j'aime les rois, je les plains, j'excuse même les erreurs qu'on leur fait commettre, je leur indique les moyens d'éviter des périls imminens, très-imminens, pour leur rendre service ; mais pour être utile aux rois, aux ministres, aux citoyens, il faut dire la vérité. L'adulation et les mensonges établissent de faux principes dont on tire de fausses conséquences, qui conduisent à de déplorables résultats.

Je vous ai dit, messeigneurs, que vous ignorez la science du gouvernement. Je le répète encore avec cette franchise qui me caractérise. Je pourrais adresser le même reproche

3.

aux deux chambres, à ceux qui vous ont pré-
cédés, à la plupart de ceux qui vous succé-
deront.

Je pourrais dire avec raison, à un savant
académicien, qu'il ignore la science des finances, s'il ne l'avait point étudiée. Les citoyens qui parviennent aux premières digni-
tés sont aveuglés par les préjugés qui les portent à croire qu'il suffit d'avoir des connaissances étendues, du mérite, de l'érudition,
pour bien administrer. Ils considèrent la politique comme une conséquence naturelle de
l'instruction. Ils se trompent. Il est rare, très-
rare, de voir des hommes qui possèdent des
connaissances universelles. La science politique a ses règles et ses principes; elle n'est
point innée. Elle ne peut être que le fruit de
l'étude, de l'observation et de la méditation.
De savans jurisconsultes n'ont dans l'esprit que
des idées incohérentes en haute législation,
en législation politique.

Pour vous découvrir, messeigneurs, les
erreurs qui dérivent des préjugés que je viens
de vous signaler; pour vous convaincre que
la politique est encore dans le chaos, qu'il est

urgent de le débrouiller dans l'intérêt géné-ral ; pour vous prouver, enfin, que la nuit des erreurs règne encore sur le ministère, sur les deux chambres, je vais examiner le projet de loi que vous avez présenté *le 17 de ce mois à la chambre des députés, sur la liberté de la presse.*

Une loi sur la liberté de la presse est ou doit être *explicative, interprétative, complémen-taire ou supplémentaire*, lorsqu'il existe une *loi fondamentale* qui confère aux citoyens le droit de publier *leurs opinions et leur pensée.*

Une loi sur la liberté de la presse doit ex-pliquer *en quoi consiste cette liberté.* Quelle est son *extension* et sa *restriction*, à quel point elle dégénère en licence. Quelles sont *l'étendue et les limites des droits de l'écrivain. Quel est le cercle tracé par ses devoirs.* Quels sont les sujets, les objets, les matières qu'il peut trai-ter. En lui indiquant *dans quel cas il sera cou-pable*, elle lui découvre les dangers qu'il pourrait courir *innocemment*, en croyant user d'un droit qu'il ne peut s'arroger, et que ne lui accorde pas la loi ; danger auquel il ne peut échapper, *s'il n'existe pas de loi* qui lui *serve d'avertissement*, et qui, basée sur les principes, *lui évite les occasions, les tentations de devenir coupable ou criminel.*

J'affirme qu'*il n'existe pas de loi sur la liberté de la presse*, quoique le ministère et les deux chambres, *au milieu de la nuit des erreurs, aient cru nous en donner une* pendant la dernière session. Le ministère n'a présenté, comme il l'a fait cette année, qu'un projet de loi de *procédure* ou un projet *de Code de procédure* sanctionné par la puissance législative. Le ministère et les deux chambres *ONT OUBLIÉ le projet de loi et la loi sur la liberté de la presse.*

Un citoyen vous dira : je n'ai jamais examiné le *Code pénal, le Code de procédure criminelle.* Je laisse ce soin aux juges et aux jurisconsultes. J'ai été honnête homme, je le suis, je le serai toujours. Je connais mes droits et mes devoirs comme citoyen de l'état, comme homme social. Il m'est indifférent de savoir que tel, accusé d'un délit ou d'un crime, doit être arrêté, mis en jugement et en accusation de telle et telle manière, avec telles ou telles formalités, dans tel ou tel cas, et qu'il sera condamné à tant d'années de prison, de galères, etc., suivant la gravité du délit ou du crime, parce que *je ne serai jamais escroc, filou, voleur ou homicide.*

Un écrivain vous dira, par la même raison : je n'ai fait aucune attention à votre loi du 26 février 1817, DITE *sur la liberté de la presse*, qui n'est *qu'un Code de procédure*. Peu m'importe de quelle manière on doit procéder à la saisie d'un ouvrage, à la mise en accusation, à la mise en jugement de l'auteur. Il m'est indifférent de savoir comment on soumettra les questions aux juges ; qu'on leur demande si l'ouvrage présente tel ou tel caractère, si l'accusé est coupable pour l'avoir composé, et que ces questions soient le résultat, ou non, de l'acte d'accusation. Je n'étudierai pas ce Code de procédure, parce que *je ne veux point être coupable ou criminel ;* je ne veux point figurer *sur les bancs réservés au crime*, et paraître dans le temple de Thémis. Votre loi me dit que je serai condamné si je suis déclaré coupable, mais elle ne me dit pas *dans quel cas je serai coupable*, en vertu de quelle loi l'acte d'accusation sera rédigé, quel *est ce tel ou tel caractère* que présentera l'ouvrage d'un auteur *réputé coupable* de l'avoir publié. Tout homme est coupable *quand il enfreint la loi*. Les citoyens sont les sujets des lois, et leur doivent obéissance. Je me soumets à la loi fondamentale qui me permet de publier ma *pensée*. J'ai écrit ce que je *pensais*. Si cette liberté et cette faculté sont restreintes, montrez-moi *la loi interprétative qui restreint la liberté accordée par la charte*. Cette loi de restriction doit renfermer non seulement *la règle de l'écrivain*, mais encore *la règle des juges*, pourqu'ils puissent établir sur cette base l'acte d'accusation, spécifier le délit, et porter la condamnation. C'est en vertu de cette loi que doit être rédigé *l'acte d'accusation* ou *la mise en jugement* qui exprime que l'auteur *a franchi les limites établies par la loi*; alors les juges poseront cette question : l'écrivain a-t-il enfreint *la loi sur la liberté de la presse?* s'est-il écarté du devoir *que lui imposait tel article de cette loi?* si la réponse est affirmative, alors le tribunal consultera *le Code de procédure répressif des abus de la liberté de la presse*, il appliquera tel ou tel article; les tribunaux auront recours au *Code pénal* d'après la faculté qui leur est accordée par *la loi de procédure*. La loi sur la liberté de la presse doit donc être établie, et ensuite on créera la loi de procédure pour punir les citoyens *qui en-*

freindraient la loi, ou s'écarteraient de l'esprit de la loi primitivement instituée *sur la liberté de la presse.*

Un auteur serait donc condamné arbitrairement s'il manifestait franchement sa pensée; il se justifierait néanmoins en disant : j'ai cru dévoiler les erreurs, les abus qui portent atteinte au bonheur public, afin qu'on y remédiât. En diminuant les abus, les vexations, on augmente le nombre des contens, on diminue celui des mécontens et des ennemis du gouvernement; j'ai donc agi dans l'intérêt de l'état, dans l'intérêt du monarque.

Répondra-t-on : *vous êtes coupable, vous n'en aviez pas le droit.* L'auteur répliquera *je l'ignorais,* j'étais de bonne foi. Je n'ai trouvé *aucune règle, aucune boussole,* dans notre législation politique ; j'ai pensé, que sous un gouvernement représentatif, chacun jouit de ses droits, en écrivant librement, pourvu qu'il ne porte atteinte à la sécurité publique, à l'intérêt social, à la prospérité nationale, à l'intégrité des mœurs; je n'ai pris pour guides que la raison, l'équité, mon sens commun, *mes opinions particulières,* n'ayant point d'*autres règles.* S'il existait une *loi RÉELLE sur la li-*

berté de la presse, *la RÈGLE* se trouverait implicitement renfermée dans cette loi : et vous, messieurs les juges, où est votre *règle?* *quels principes* invoquez-vous pour me prouver mon délit et faire envers moi l'application des articles du Code de procédure. *De quelle liberté ai-je abusé*, puisque vous me condamnez comme coupable *d'abus de la liberté;* est-ce de la liberté de la charte, elle m'autorise à publier mes *opinions* et ma *pensée;* je les ai publiées franchement et librement? Ai-je abusé *de la liberté de la loi de restriction, IL N'EN EXISTE PAS?* Ai-je abusé de mes droits comme écrivain? Où sont-ils indiqués, ces droits; sur quelle base établissez-vous cette accusation? Si vous connaissez ces droits, ils doivent être exprimés ostensiblement; ils sont *ma règle* pour écrire, et la vôtre pour me condamner ou m'accuser. Entre la loi fondamentale et la loi de procédure, j'aperçois des lacunes qui sont autant de piéges tendus innocemment, et par négligence, à la crédulité, à la franchise, ou à la bonne foi des écrivains. Que nos législateurs politiques réparent donc leurs erreurs; qu'ils m'évitent les occasions de

devenir coupable ; *je ne veux pas le de-*
venir.

L'auteur ajoutera : *créez une loi*, vous n'avez
créé qu'un Code de procédure. Expliquez-moi,
dans le *préambule*, quels sont l'essence et la
nature du système représentatif sur lesquelles
on ne s'est point entendu. Quelle est la responsabilité des ministres? Que l'on pose en
principe, et *pour la règle*, si l'on doit distinguer
le gouvernement des ministres du gouvernement du monarque, dont la personne est inviolable et sacrée ; si l'on peut critiquer une
loi sanctionnée par la puissance législative et
la puissance exécutive , lorsqu'on peut re-
dresser les erreurs de la législation ; erreurs
que les deux pouvoirs pourraient réparer à
la session prochaine , sous un gouvernement
représentatif, peu compris et essayé, avec lequel les législateurs eux-mêmes ne sont pas
encore familiarisés, ainsi que nous le prouve
l'expérience. Que l'on m'évite les occasions
de commettre des fautes involontaires. Lorsque j'écrirai franchement, si la sévérité de
mes principes ne me permet pas d'écrire autrement, que l'on me dise à quel degré de

hauteur, sur quel gamme, à quel ton, je dois élever la voix de la *vérité*.

Un avocat général a dit dans le sanctuaire de la justice : *Dites la vérité au roi, aux ministres, aux chambres, votre garantie est dans l'amour du bien public.* Que l'on me présente *la règle*, qu'elle m'indique la valeur de ces mots : *bien public*, dont l'arbitraire et l'irréflexion pourraient dénaturer la signification. En législation politique, il est nécessaire d'exprimer le sens de bien public, intérêt général, ordre social, etc., pour éviter les fausses interprétations ; enfin, que l'on crée donc une loi *sur la liberté de la presse*, qui me trace *mes devoirs*, je les remplirai ; qu'elle exprime *l'étendue de mes droits*, j'en jouirai. Ayant *la règle* devant les yeux, *je ne m'en écarterai pas*, et je ne passerai pas mon temps à étudier votre loi, votre Code de procédure qui m'est inutile, *ne voulant pas devenir coupable et criminel.*

Des nombreuses erreurs commises par le ministère et les deux chambres, il est résulté que les juges ont chanté la palinodie ; les citoyens ont remarqué des substilités dans les accusations ; des auteurs ont été accusés d'un même délit ; l'un a été condamné, et les deux autres absous relativement au même chef d'accusation. On s'est écarté du grand principe : la loi est égale pour tous, soit quelle protège, soit qu'elle punisse, conséquence immédiate de l'égalité, de droits, consacrée par la charte. Une loi qui N'EXISTE PAS *ne peut être égale pour tous.* On a donc violé les lois fondamentales, on a méconnu l'esprit des lois.

Notre Code civil renferme nos droits civils, et présente *la règle ;* si la règle est violée, le Code de procédure et le Code pénal sont appliqués. Donnez-nous donc un *Code politique,* un *Code de liberté constitutionnelle ;* si *la règle* est violée, on nous appliquera les articles du Code de procédure.

Vous devez présenter, messeigneurs, un projet de loi, sur la responsabilité des ministres ; on attend cette loi depuis trois ans.

La politique n'exige que la présentation d'un *Code de procédure* qui stipule la manière de procéder à la mise en accusation, à la mise en jugement, des ministres qui deviendraient criminels.

La responsabilité des ministres existe, en fait et en droit, ainsi que celle des magistrats, et des administrateurs secondaires ; il suffit de la constituer, d'établir *la règle*. J'affirme qu'une loi *réelle* sur la liberté de la presse doit renfermer la règle des ministres et la règle des écrivains. Un ministre est responsable de son administration, comme un écrivain l'est de ses écrits publiés ; si l'écrivain ignore *quelle est la nature de la responsabilité des ministres, quels sont leurs droits et leurs devoirs ;* comment se rendra-t-il utile à la chose publique, En dévoilant leurs abus, leurs erreurs, ou leurs crimes. S'il n'existait qu'une loi sur la responsabilité, et aucune loi sur la liberté de la presse, comment accuserait-on les ministres ? Les ministres auraient tous les moyens d'étouffer *dès leur naissance* les écrits des dénonciateurs. Ils pourraient arbitrairement en empêcher la publication, puisque dans notre gouvernement il n'existe point un *grand corps national permanent* qui présente un frein aux écarts des ministres. Après la clôture de la session des deux grands corps temporaires, un ministre peut trahir la patrie, et le monarque. Attendra-t-on la convocation des chambres pour présenter l'accusation renfermée dans une pétition ? Le crime peut être consommé avant cette époque, pendant l'intersession. Le mal alors serait sans remède. Ce n'est donc que par la liberté de la presse qu'une loi sur la responsabilité des ministres recevrait son exécution. Donc la *responsabilité des ministres et celle des écrivains* doivent être implicitement énoncées dans une *loi réelle* sur la liberté de la presse complétée par deux lois ou Codes de procédure, l'un relatif aux ministres, l'autre relatif aux écrivains.

Si la loi doit fixer les limites de la liberté de la presse, pour éviter les dangers qui naissent *de la licence*, de même elle doit limiter les droits des ministres, pour que l'exercice de ces droits ne dégénèrent point en *arbitraire*. S'il est permis aux ministres et aux gouvernemens de redouter la licence des écrivains, il est permis aux écrivains et aux citoyens de redouter l'arbitraire, et ses funestes effets.

Il est évident que nous marchons au milieu de la confusion, et que notre législation politique n'est point sortie du chaos. Le système représentatif est essayé, mal compris, mal conçu : cette confusion conduit sans cesse aux abus, aux erreurs ; les citoyens ne jouissent point de leurs droits, en politique. Nous ne sommes que des *légimanes* et non des législateurs.

Je présume que, dans les deux chambres, on discutera en 1817, comme en 1816, sur les avantages ou les désavantages de la liberté de la presse. On ne s'entendra pas. On approuvera ou improuvera un projet de loi *qui ne sera pas soumis à la délibération*, puisque l'on n'a présenté uniquement *qu'un projet de Code de procédure en vingt-sept articles*, et non pas un *projet de loi sur la liberté de la presse*.

Si je recommande l'application des principes, l'étude de la politique, afin d'éviter que l'on s'égare continuellement dans une fausse route, on ne m'écoutera pas, puisqu'on ne m'a point encore écouté. Je serai donc forcé de répéter : *fiat lux.*

Le monde avec lenteur marche vers la sagesse,
Et la nuit des erreurs règne encor sur LUTÈCE.

S'il était reconnu, en principe, qu'un écrivain n'a pas le droit de dire la vérité, les deux chambres et le ministère ignoreraient qu'on *a cru* créer, mais *qu'on n'a point encore créé* de loi sur la liberté de la presse, puisque je suis le premier citoyen qui en fasse l'observation. Mes preuves sont incontestables. Dans mon *Cri des peuples*, j'ai présenté un grand nombre d'observations qui ont le même objet, le même but; j'ai voulu être utile, et dissiper les erreurs. C'est cependant un pareil ouvrage dont le ministère aurait desiré la proscription.

Il me reste, Messeigneurs, une consolation bien douce, pour un cœur sensible aux malheurs de sa patrie, en devenant le témoin du succès de mon *Cri des peuples*, quoique les journalistes n'aient pas joui de la faculté d'annoncer à leurs abonnés qu'il existait un ouvrage sorti de la plume d'un homme de bien, impartial, ami de la vérité, qui n'est point un diable, mais une espèce de Lucifer qui présente la lumière pour dessiller les yeux, et faire paraître le jour au milieu de la nuit des erreurs.

J'ai écrit sans passion, sans esprit de parti, sans animosité; j'ai dit la vérité; j'ai fait mon devoir. J'ai vu des partisans de nos anciennes institutions; j'ai vu des hommes qui, comme moi, sont les zélés prosélytes de nos nouvelles institutions; j'ai vu des républicains; j'ai vu des amis sincères de la monarchie bourbonnienne et de la charte; j'ai vu des gens qui n'ont aucune opinion, qui n'appartiennent à aucun parti, à aucune faction : je les ai vus approuver mon ouvrage; *j'ai concilié tous les partis*, que deux années d'administration n'ont pu réunir. Quelle gloire pour un écrivain! n'est-elle pas préférable à la gloire passagère des grandeurs, à la gloire éphémère des conquêtes, à la gloire humiliante de l'oppression?

Si l'on était déterminé à proscrire *par la suite* de semblables ouvrages; nouvel héraclite, je m'écrierais, en gémissant sur les travers des hommes : adieu religion, adieu morale, adieu vertu, adieu probité : les liens sociaux sont rompus ; pleure, pleure, ma patrie! à tes jours d'allégresse vont succéder des jours de deuil et de douleur !

Les hasards élèvent les hommes au ministère. Si les destins et l'influence de ma planète m'y portent un jour, j'écrirai des mémoires, mes instructions ; je recueillerai des faits, des documens, des dénonciations d'abus vouées à l'oubli dans les archives ministérielles ; je recevrai toutes les communications de plans, projets, et les utiliserai. Je m'abaisserai du sein de la grandeur pour porter une main secourable dans la chaumière ; je m'élèverai-

jusqu'au grenier où gîte l'infortune; je porterai
des paroles consolantes dans le grabat de l'indigent; je ne ferai point de vaines promesses
au malheur; je serai protecteur et consolateur.
Connaissant *le Cri des peuples*, j'emploierai
tous mes efforts et mes veilles pour le méta-
morphoser en chants d'allégresse.

Je ferai peindre dans ma chambre un grand
tableau représentant une tendre mère éplorée,
couverte de haillons, entourée de quatre en-
fans agonissans, dont un à la mamelle. Un autre tableau représentera un atelier fermé, à la
porte duquel de malheureux ouvriers, pâles
et défigurés, attendront le moment de l'ou-
verture et la reprise des travaux. Ici, ce sera
un petit rentier dont on saisit les meubles,
parce qu'il ne peut payer les impôts, à cause
des non valeurs dans ses revenus, de la cherté
des denrées de première nécessité; là on verra
deux infortunés époux couchés sur un matelas
que leur arrachent les satellites inexorables
d'un fisc barbare. De ce côté, on apercevra
un magistrat vendant, pour quelques pièces
d'or, son honneur, ses devoirs, ses sermens;
plus loin, les agens de la finance s'empareront
des deniers de la veuve et de l'orphelin, pour

couvrir les dépens d'un procès devenu ruineux par les frais énormes d'une justice vraiment déprédatrice, au lieu d'être protectrice. J'aurai, chaque matin, *à mon réveil*, ces tableaux sous les yeux. Un aussi effrayant spectacle m'apprendra *ce que je dois être*, *ce que je dois faire pendant la journée.*

Si, à cette époque, les lois d'exception existent encore, je dirai aux journalistes : je vous autorise à critiquer mon administration. Insérez dans vos feuilles les pétitions, les réclamations relatives à mes attributions ; dévoilez les abus. Si je commets des erreurs et des fautes, signalez-les moi, je profiterai de vos avis. S'il existe des mécontens, indiquez le sujet de leurs plaintes ; si elles sont justes, j'y ferai droit. Écrivez franchement sur ce qui me concerne personnellement ; ne redoutez point ma haine, ma vengeance, mes ressentimens, mes abus de pouvoir. Si vous m'accusez injustement, je ne croirai point m'abaisser et violer vos droits, en vous *forçant* d'insérer dans votre feuille ma réponse justificative. Écrivez, imprimez, journalistes, dussiez-vous m'imputer des fautes commises sous mon nom, et à mon insçu. Je ne redoute pas la censure. Simple citoyen, écrivain, magistrat ou ministre, *je serai toujours sans peur, parce que je serai toujours sans reproches.*

S'il paraît un ouvrage de la nature du *Cri des peuples*, dans le conseil des ministres, je plaiderai chaudement la cause de l'auteur, et lui écrirai une lettre de félicitation, dans laquelle je déploierai un noble caractère. Je lui offrirai d'utiliser ses conseils et ses avis; je rendrai hommage à sa moralité. Vous avez parlé en faveur de l'indigent et du malheureux, lui dirai-je; je vous estime. Vous avez prêché la religion, la morale, l'équité; vous serez mon ami. Vous avez fait de vigoureuses sorties contre l'administration, dans l'intérêt général, *contre votre intérêt particulier*, avec l'accent de la loyauté et de la franchise; je vous considère comme un homme de bien. Je vous en remercie. Vous m'avez ouvert les yeux; je serai reconnaissant de vos services, je profiterai de vos leçons. J'abjurerai mes erreurs, puisque vous me démontrez que le bien public, objet de mon mandat, l'exige.

En attendant, messeigneurs, cet heureux ou malheureux événement, que je ne pourrai éviter, s'il est écrit sur le grand-livre des destinées, j'écris ; je fais voir à mes concitoyens ce que je suis ; aux rois, ce que je vaux ; aux ministres, ce que je sais.

Pendant la dernière session, j'ai publié *trois ouvrages*, dans l'intérêt de l'état et du trône. Cette année j'en publierai encore *trois;* tous portent le même cachet : je suis toujours le même ; ennuyé de voir mes concitoyens malheureux, quoique l'on veuille nous persuader qu'ils sont heureux, j'ai élevé mon diapason. Inspiré par le génie du bien, j'ai écrit *de mieux en mieux*, parce que nous allons *de pis en pis*.

Je ne suis pas à deux faces ; en voulez-vous des preuves, Messeigneurs ? Ma fortune me fut enlevée par les derniers événemens politiques. J'ai postulé dernièrement, dans un de vos ministères, une place dont ma moralité ne m'a point valu le refus ; elle ne m'a point été refusée ni accordée par le conseiller d'état dont elle dépendait ; mais le système des économies m'a laissé dans l'incertitude de sa conservation ou de sa suppression. Je postulais cette place, à quelle époque, messeigneurs!... lorsque je commençais mon *Cri des peuples* avec l'intention de le publier...... Ministres qui

m'avez injurié en m'assimilant à un écrivain dangereux, immoral et fripon, réfléchissez et jugez celui dont vous auriez voulu interdire l'ouvrage.

Une feuille, à laquelle je n'ai porté aucune invitation, aucune recommandation, a fait l'éloge de l'auteur *de l'Essai philosophique sur l'art de gouverner un état*, dans ce peu de mots : *chaque page, chaque ligne de cet écrit décèle un de ces bons citoyens à qui l'amour de l'humanité ne laisse pas un moment de repos.* Le journaliste ne m'a jamais vu, mais il m'a lu.

Vous avez dû vous apercevoir, Messeigneurs, que je ne me repose pas lorsqu'il s'agit de plaider la cause de l'humanité souffrante. Ai-je tort ?

L'auteur du *Cri des peuples* est le même que l'auteur de l'*Essai philosophique*. Après avoir écrit *six ouvrages* pour atteindre un but légitimé par la religion et la morale, je puis continuer d'écrire, j'en ai le droit ; je puis aussi me reposer, si vous m'en fournissez l'occasion. J'ai assez fait pour mon pays, comme écrivain ; je peux encore me rendre utile à la patrie, à la monarchie, à la chose publique.

Comme écrivain, je vous propose la capitulation dans la guerre que j'ai déclarée à l'administration, sans animosité, dans l'intérêt général. Agissant noblement envers moi, comme j'agis envers vous, acceptez mes services. Quelque singulière que vous paraisse une proposition qui déroge à l'usage, méditez-la et prononcez-vous.

Je veux dicter moi-même les conditions de la capitulation, avec cet ascendant que la vertu exercera sur les cœurs bien nés, tant que la morale étendra sur la terre son influence et son empire.

Vous n'ignorez pas, Messeigneurs, que les valeureux guerriers obtiennent aux champs d'honneur, en capitulant, des preuves de l'estime des adversaires, même dans les guerres civiles. Un écrivain *vraiment Français*, qui a défendu le trône et la patrie, non contre vos attaques, mais contre vos erreurs politiques, propose à des ministres français un assaut de générosité, de loyauté et de franchise. Consultez le maréchal de France qui vint naguères siéger parmi vous, après avoir opéré en 1815 une retraite administrative digne d'éloges; acceptez ma capitulation.

Voilà mes conditions : Je demande une place honorable dans Paris, qui ne soit pas du nombre de celles où l'occupant enlève ordinairement, par des moyens réprouvés par la probité, quelques portions de l'impôt payé par l'artisan, et quelques gouttes des sueurs du peuple. Je demande une place dans laquelle ne se trouve point déplacé un Français qui ne vendrait pas, pour tous les trésors du Potosi, son pays, le bonheur de ses concitoyens, le pain du malheureux, et ses sermens....

Si vous avez fait abnégation des passions, de ces petits ressentimens, de ces intérêts sordides, de ces animosités, sentimens qui, repoussés par les grands cœurs, ne peuvent caractériser les ministres du roi très-chrétien, prouvez-le-moi, prouvez-le à mes nombreux lecteurs.

Si, lorsque je parle la langue de la raison et de l'humanité, vous l'entendez, en choisissant pour interprète une ame aussi élevée que votre dignité, prouvez-le-moi.

Si vous respectez et estimez la vertu, la probité, le noble caractère de l'écrivain, homme de bien et impartial, prouvez-le-moi.

Si vous connaissez les hommes, si vous

savez apprécier *ces bons citoyens à qui l'a-mour de l'humanité ne laisse pas un moment de repos*, donnez-en des preuves à l'auteur *du Cri des peuples*, qui n'est point hypocrite, qui signe tous ses ouvrages, qui ne rougit, ne pâlit, ne frémit pas en se nommant.

Alexandre CREVEL.

NOTE.

L'auteur *a envoyé aux deux chambres* trois cents *exemplaires* de cette brochure.